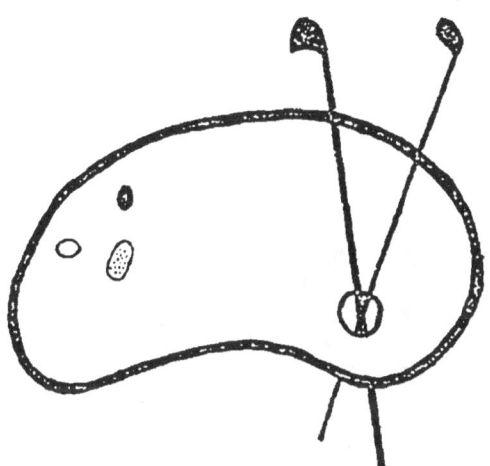

COUVERTURE SUPERIEURE ET INFERIEURE
EN COULEUR

DE L'ORIGINE
DE LA PEINTVRE,
ET
DES PLVS EXCELLENS
PEINTRES DE L'ANTIQVITE'.
DIALOGVE.

Par André Felibien.

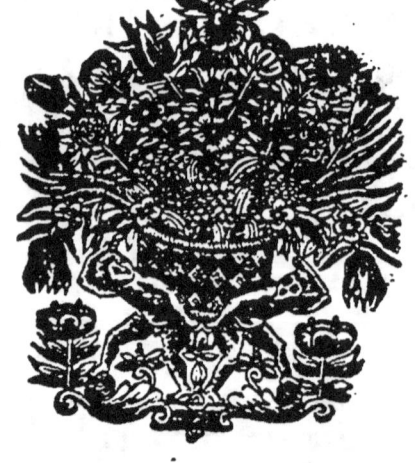

À PARIS,
Chez PIERRE LE PETIT, Imprimeur & Libraire ordinaire du Roy, ruë S. Iacques,
à la Croix d'Or.

M. DC. LX.
AVEC PERMISSION.

DE L'ORIGINE
DE LA PEINTVRE,
ET
DES PLVS EXCELLENS
Peintres de l'Antiquité.

DIALOGVE.

VOVS me conseillez, MONSIEVR, de faire vn Traitté de cét excellent Art de la Peinture, dont vous sçauez que j'ay quelque connoissance: Et vous me croyez capable de faire part au Public de ce que j'en ay appris dans les Ouurages des Peintres les plus celebres.

Vostre conseil me seroit sans doute auantageux, & seroit encore vtile à beaucoup de personnes, si j'auois dequoy répondre au sentiment fauorable que vous auez conceu de moy ; Mais trouuez bon, s'il vous plaist, que ie vous die, que vous n'auez pas de la Peinture vne opinion aussi haûte qu'elle le merite. C'est vn Art qui embrasse tant de choses, qu'il faut vn esprit plus éclairé que le mien pour le pouuoir traitter dignement.

Et de vray pour écrire à fond de tout ce qui est necessaire pour faire vn excellent Peintre, & pour donner à tout le monde, non seulement vne idée generale, mais vne notion plus particuliere de ce qui concerne cét Art, il faudroit former vn dessein trop vaste & de trop grande estenduë.

Et pour vous faire voir combien ce Traitté embrasseroit de choses, & que je n'ay pas tort de vous dire, que c'est vne entreprise qui surpasse de beaucoup mes forces; je vous feray voir icy d'abord, que pour s'en bien acquiter, il seroit necessaire de traitter doctement diuerses matieres.

Car selon ce que j'en ay appris des plus sçauans Peintres: il faudroit que le corps de l'Ouurage fut diuisé en trois principales Parties. Dont la premiere qui traitteroit de la COMPOSITION, comprendroit presque toute la Theorie de l'Art, à cause que l'operation s'en fait dans l'imagination du Peintre, qui doit auoir disposé tout son ouurage dans son esprit, & le posseder parfaitement auant que d'en venir à l'execution.

Les deux autres Parties qui parleroient du DESSEIN & du COLORIS ne regardent que la Pratique, & appartiennent à l'Ouurier, ce qui les rend moins nobles que la premiere qui est toute libre, & que l'on peut sçauoir sans estre Peintre.

Pour bien Composer vn Tableau, le Peintre doit donc auoir vne science, & generale, & particuliere de toutes les parties qui y entrent. Et comme il ne sçauroit rien representer qui ne soit dans la Nature, il faut aussi qu'il ait vne connoissance parfaite de tous les corps naturels auant que d'entreprendre d'en faire l'jmage. Mais il doit se souuenir qu'encore que l'Art de portraire s'estende à representer tous les Sujets naturels, tant beaux que difformes ; Toutefois quand il viendra à l'execution, s'il veut tenir rang entre les plus habiles, il est obligé de faire choix de ce qu'il y a de plus beau ; parce qu'encore que la Nature soit son modelle, neantmoins comme elle n'est pas égale en toutes ses parties, il ne doit en considerer & en prendre que ce qu'elle a de plus parfait.

Mais parce que souuent on peut se tromper dans ce choix des belles choses ; il me semble qu'il faudroit dire en premier lieu ce que c'est que la

A ij

Beauté, & en quoy elle consiste principalement dans le Corps humain, qui est le plus parfait ouurage de Dieu sur la terre. Et comme il est constant qu'elle procede de la proportion des parties, il faudroit parler ensuitte de ce qui est necessaire dãs chacune de ces parties pour produire cette Proportion admirable, afin que le Peintre en ayant vne exacte connoissance, puisse égaler à son sujet la beauté de ses Figures, & en faire choix lors qu'il viendra à dessigner sur le naturel: Et l'on se reserueroit à traiter des mesures dans la seconde partie, où l'on parleroit du Dessein.

Mais comme vn Tableau est l'Image d'vne Action particuliere, le Peintre doit ordonner son Sujet & distribuer ses Figures selon la nature de l'Action qu'il entreprend de representer. Et parce que ce Tableau est, ou vne Inuention nouuelle du Peintre, ou vne Histoire, ou vne Fable desja décrite par les Historiens ou par les Poëtes; il faudroit faire voir de quelle sorte il doit traitter tous ces differens Sujets; & comme il y doit exprimer les mouuemens du corps & de l'esprit. C'est pourquoy il faudroit parler des Passions de l'Ame, parce que c'est vne partie qui bien que dépendante du Dessein, doit-estre toute entiere dans l'idée du Peintre, puis qu'elle ne se peut bien Copier sur le naturel.

Il faudroit enseigner ensuitte à bien obseruer la Conuenance en toutes sortes de sujets; Pour cét effet il seroit besoin de faire voir au moins comme le Peintre doit auoir connoissance de l'Histoire & de la Fable; de la Religion des anciens Peuples; des mœurs & des façons de viure des diuerses Nations; de leurs Dieux; de leurs Temples; de leurs Edifices; de leurs Ceremonies aux sacrifices, aux funerailles, aux triomphes, & aux jeux; de leurs differens Habits en paix & en guerre; de leurs Armes; de leurs Meubles; & enfin de toutes les choses qu'vn excellent Peintre doit sçauoir.

Apres auoir parlé de tout ce qui regarde plûtost la Theorie que la Pratique; mais qui est tres-necessaire à l'Ouurier qui veut se rendre parfait; On pourroit commencer la seconde Partie, qui est celle du Dessein, & celle aussi qui d'ordinaire sert de principe à tous ceux qui veulent apprédre cét Art. Car c'est en dessignant que l'on jette les premiers fondemens de la Science, & sur lesquels toutes les connoissances qui s'acquerent doiuent s'establir; parce que sans cette partie toutes les autres n'ont point de solidité.

C'est ce qui obligeroit celuy qui feroit vne si grande entreprise, à donner des preceptes pour conduire les Apprentifs de degré en degré, com-

B

me par la main ; & sur tout ne songer pas tant à leur faire entreprendre de longues traites, & à les mener dans de grands païs, qu'à leur faire bien remarquer les lieux où ils passent. Et comme il ne sert de rien à vn Voyageur de faire de grandes journées, & de voir des Prouinces & des Royaumes, s'il ne considere la nature des païs & les mœurs des peuples ; De mesme on deuroit monstrer de quelle sorte il faut enseigner ceux qui commencent cette estude , & les instruire des belles choses, afin qu'en les remarquant ils puissent les grauer dans leur esprit, & n'y mesler rien qui luy soit nuisible ou inutile.

Il tascheroit aussi de leur monstrer les chemins les plus seurs & les plus faciles pour arriuer à leur but ; & par des exemples familiers les rendre capables de se conduire eux-mesmes dans vn trauail, qui doit estre celuy de toute leur vie. Sur tout leur feroit connoistre, combien les Mathematiques sont necessaires à vn Peintre, principalement la connoissance de la Geometrie & de la Perspectiue, qui doiuent seruir de regle à tout son ouurage.

Il auroit encore à faire voir, de quelle sorte le Peintre doit se rendre sçauant dans cette partie de l'Anatomie qui regarde la cōnoissance des muscles, des nerfs, des os, des ligamens, & des apparences des vns & des autres.

Il expliqueroit, comme le Deſſein ayant pour partage la proportion, il la doit garder dans toutes les parties de ſon ouurage ; que c'eſt à luy à juger de leur conuenance, & de la juſte égalité qui doit eſtre entr'elles ; & que de luy dépend la poſition des Figures pour eſtre miſes ſur leur plan, ou pour mieux dire ſur leur centre, auec la ponderation ou équilibre qui les peut tenir en eſtat : Taſchant de faire conceuoir autant qu'il eſt poſſible de quelle ſorte ſe forme cette Beauté & cette Grace ſi excellentes, ce Ie ne ſçay quoy qui ne ſe peut exprimer, & qui conſiſte entierement dans le Deſſein.

Quand à la troiſiéme Partie, elle ſeroit du Coloris, ou apres auoir parlé de la nature des Couleurs ; de l'vnion & de l'amitié qu'elles ont entr'elles, il faudroit monſtrer de quelle ſorte elles doiuent eſtre employées pour produire ces beaux effets de Clair & d'Obſcur, qui aydent à faire paroiſtre le relief des Figures & les enfoncemens dans les Tableaux.

Il faudroit traitter de cette Perſpectiue qu'on appelle Aërienne, qui eſt l'affoibliſſement des couleurs par l'interpoſition de l'air ; de ces accidés, du Lumineux & du Diaphane qui ſe remarquent dans la Nature, & des obſeruations qu'on y doit faire; des differentes Lumieres tant des corps illuminans que des corps illuminez; de leurs reflexions; de leurs ombres; des erreurs que les Peintres font souuent en peignant apres la Bosse esclairée par des jours particuliers; des differentes visions ou aspects selon la position du regardant ou des choses regardées; des apparences des corps dans l'eau; de ce qui produit cette force, cette fierté, cette douceur, & ce precieux qui se trouuent dans les Tableaux bien coloriez; Des diuerses manieres de Coloris, tant aux Figures qu'aux Païsages, & de celle qu'on doit suiure comme la plus excellente. Et enfin il faudroit accompagner ces enseignemens de quelques exemples, où il feroit voir la beauté & la perfection de ces trois parties, COMPOSITION, DESSEIN & COLORIS.

Iugez, je vous supplie, Monsieur, de quelle estenduë seroit ce trauail; & si vous deuez vouloir que j'entreprenne vn Ouurage, qui non seulement demanderoit la capacité du plus Sçauant Peintre de nostre siecle, pour parler de toutes ces choses selon les termes de l'Art; mais qui pour parler auec grace de cette Peinture, qui represente si noblement tous les objets par la Viuacité de ses Couleurs, auroit encore besoin d'vne plume aussi sçauante & aussi docte que deuroit

uroit estre le Pinceau qui pourroit donner cét agrément, & cette force que l'on recherche dans les Tableaux.

Ne pouuant donc pas m'engager dans vne entreprise si disproportionnée à mes forces, ne trouuez pas, s'il vous plaist, estrange si je ne me rends pas à vos persuasions, & si je vous dis que vous ne deuez pas attendre de moy vn Ouurage qui responde au dessein que je viens de vous tracer. Ie serois mesme fasché qu'on creust qu'en vous rapportant quelque chose de cét Art, j'aye eu intention d'en establir les regles, & donner des enseignemens à ces sçauans hommes qui trauaillent aujourd'huy auec tant de succés & de bon-heur, & dont quelques-vns de ceux que j'ay souuent entretenus, & de qui j'ay beaucoup appris, seroient incomparablement plus capables que je ne le suis, d'écrire sur cette matiere.

Ce n'est pas qu'il ne se puisse rencontrer quelque occasion qui me donnera, peut-estre, lieu de satisfaire à vostre desir; Et alors je seray bien aise de vous faire voir ce que j'ay remarqué autrefois pour ma satisfaction particuliere sur toutes ces diuerses parties de la peinture, soit en voyant les Tableaux des plus sçauans Peintres, soit dans les diuers entretiens que j'ay eus sur ce sujet.

Et mesme j'ose me persuader, que si je fais vn jour quelques obseruations sur la Peinture, quoy qu'elles ne soient pas écrites auec tout l'ordre que le sujet le merite, elles ne laisseront pas toutesfois de faire voir l'auantage que cét Art a par-dessus les autres. Les Peintres mesme ne pourront pas estre faschez que tout le monde apprenne dans ces discours à juger de l'excellence de leurs Tableaux & de la beauté de leurs Figures, & qu'on y estudie le secret de l'Art, afin qu'en connoissant la perfection de l'Ouurage, on fasse cas de l'Ouurier.

Et certes, il semble qu'ils ont interest, qu'au moins les personnes doctes, & tous les honnestes gens connoissent l'excellence de la Peinture, dont ils ne considerent le plus souuent que la seule superficie, sans porter leurs pensées jusques dans le fonds de cette Science, que l'on peut dire auoir quelque chose de diuin, puis qu'il n'y a rien en quoy l'homme imite dauantage la toute-puissance de Dieu, qui de rien a formé cét Vniuers, qu'en representant auec vn peu de Couleurs toutes les choses qu'il a creées : Et comme Dieu a fait l'homme à son Image, il semble que l'homme de son costé a fait vne Image de luy-mesme, en exprimant sur vne toile ses actions & ses pensées, d'vne maniere si excellente qu'elles demeurent conſtamment & pour toûjours expoſées aux yeux de tout le monde, ſans que la diuerſité des Nations empeſche que par vn langage muet, mais plus éloquent & plus agreable que celuy de toutes les langues, elles ne ſe rendent intelligibles, & ne ſe faſſent comprendre dans vn inſtant à chacun de ceux qui les regardent.

Ie veux meſme eſperer, Monſieur, que ſi vous voulez bien dérober quelques momens à vos occupations plus ſerieuſes pour faire reflexion ſur les diuerſes parties de cét Art. Vous auoüerez qu'il fournit de grands ſujets de mediter ſur l'excellence de cette premiere Lumiere, d'où l'eſprit de l'homme tire toutes ces belles Idées, & ces nobles Inuentions qu'il exprime enſuite dans ſes Ouurages.

Car ſi en conſiderant les beautez & l'Art d'vn Tableau, nous en admirons l'Inuention & l'eſprit de celuy dans la penſée duquel il a ſans doute eſté conceu encore plus parfaitement que ſon pinceau ne l'a pû executer ; Combien admirerons-nous dauantage la beauté de cette Source où il a puiſé ſes nobles Idées! Et ainſi toutes les diuerſes beautez de la Peinture, ſeruant comme de diuers degrez pour nous eſleuer juſqu'à cette Beauté Souueraine; ce que nous verrons d'admirable dans la proportion des parties, nous fera confiderer combien plus admirable encore eft cette proportion, & cette harmonie qui fe trouue dans toutes les creatures. L'ordonnance d'vn beau Tableau nous fera penfer à ce bel Ordre de l'Vniuers. Ces Lumieres & ces Iours que l'Art fçait trouuer par le moyen du meflange des couleurs, nous donnera quelque Idée de cette Lumiere eternelle par laquelle & dans laquelle nous deuons voir vn jour tout ce qu'il y a de beau en Dieu & dedans fes creatures. Et enfin quand nous penferons que toutes ces merueilles de l'Art qui charment icy-bas nos yeux & furprennent nos efprits, ne font rien en comparaifon des Idées qu'en auoient conceu ces Maiftres qui les ont produites ; Combien aurons-nous fujet d'adorer cette Sageffe eternelle qui refpand dans les Efprits la Lumiere de tous les Arts, & qui en

S. Aug. de Ver. Relig. eft elle-mefme la Loy eternelle & immuable. Cette Lumiere eft la Lumiere d'vne Sageffe infiniment fuperieure à la Lumiere de tous les

Ifaïe c. 55. v. 8. efprits creez, comme elle le dit elle-mefme par fon Prophete ; „ Mes penfées ne font pas comme
„ vos penfées, ny mes voyes comme vos voyes;
„ mais il y a autant de diftance entre mes voyes
„ & vos voyes, entre mes penfées & vos penfées,

fées, qu'il y en a entre le Ciel & la Terre. «

Lors que Dieu creoit les Astres, dit vn «
grand Saint, les Anges chantoient des Can- «S. Iean
tiques à sa loüange en admirant le nombre, «Chrys.
la beauté, la situation, la varieté, les graces, l'é- «
clat, l'harmonie, & toutes les autres perfections «
de ces corps sublimes dont ils connoissent l'ex- «
cellence beaucoup mieux que nous. Quand «
donc nous considerons dans les ouurages de l'esprit humain tant de beautez, tant de graces &
tant de charmes, plus nostre connoissance nous
en fait remarquer les perfections, & plus nous
nous trouuons obligez de loüer celuy qui fait
ces merueilles sur la terre, comme il a fait ces
autres merueilles dans les Cieux.

Cependant j'auray l'honneur de vous entretenir de quelques discours que nous auons tenus depuis peu Pymandre & moy, touchant le sujet sur lequel vous me conuiez d'écrire.

Car cét illustre Amy, dont vous connoissez le merite, m'ayant engagé ces jours passez à faire vn voyage à la campagne, à dessein seulement de voir les plus belles Maisons des enuirons de Paris, & particulierement Vaux; Ie fus bien aise de faire cette promenade en la compagnie d'vne personne connoissante, parce que je desirois, il y auoit long-temps, d'appren-

D

dre par mes propres yeux, si la magnificence de ce Bastiment répond à sa reputation ; Et je vous auoüe que je trouué cette Maison si belle, mesme au de-là de ce que je m'en estois imaginé, que quand je n'aurois point sceu qui en est le Maistre, je n'aurois pas laissé de juger que le Maistre d'vne si belle Maison, doit auoir vne grandeur d'esprit toute extraordinaire pour en auoir conceu & executé le dessein.

Nous y considerasmes d'abord toutes les parties de l'Architecture ; nous regardasmes toutes les Statuës & les autres ouurages de Sculpture ; Et comme nous auons tous les deux beaucoup d'amour pour la Peinture, nous fusmes long-temps à admirer celles dont on enrichit tous les jours les dedans de ce Palais. Mais au sortir de là, je vous auoüe que nous n'eusmes des yeux qu'à demy pour voir ses Parterres, ses Terrasses, ses Grottes, ses Fontaines, & ses Canaux. Tant de differentes beautez mettoient dans nostre esprit vne si agreable confusion de belles Images, que nous ne pouuions laquelle choisir pour l'y attacher. Car c'est vne situation toute extraordinaire que l'Art a embelly de mille agréemens, & de mille graces qui ne se trouuent nulle-part ailleurs.

Apres nous estre long-temps promenez par

toute cette Maison, & apres auoir consideré à loisir tout ce qu'elle a de plus beau, nous en sortismes pour reuenir vers Paris, & commençasmes à nous entretenir Pymandre & moy de tout ce que nous auions remarqué : Surquoy Pymandre me dit, Hé bien ! serez-vous encore de ceux qui ne trouuent rien de comparable à ce qui se voit en Italie ? Pourquoy voulez-vous, luy repliquay-je, que je sois si desraisonnable ? Il ne faut qu'auoir des yeux & du sens commun pour estimer tant de riches Palais que nous auons aujourd'huy en France ; Et sans sortir de celuy-cy, en quel lieu, je vous prie, auez-vous veu tant de diuerses beautez r'assemblées ? Il est vray aussi que c'est vne entreprise singuliere; Car pourriez-vous bien m'en remarquer de semblables ? Ie n'ay garde de m'y engager, dist Pymandre, car toutes les Personnes puissantes n'ont pas les inclinations aussi nobles que sont celles du Maistre de ce Palais, & ainsi ils n'employent pas leur bien auec vne generosité pareille à la sienne. Il semble que tout ce qu'il a ne soit point à luy, & on peut dire qu'il bastit moins pour sa satisfaction particuliere que pour celle du public, puisque ses grandes occupations font qu'il en joüyt moins que les autres. Il ne laisse pas neantmoins de prendre plaisir à

D ij

ces Ouurages, parce qu'il y a dans tous les Arts vne Lumiere de beauté que les grands Efprits confiderent d'vne autre façon que ne fait le refte des hommes : Et comme il n'attache fes penfées qu'aux chofes hautes, il méprife la poffeffion des richeffes comme des chofes baffes, quand elles n'ont point d'autre prix que celuy que l'opinion commune leur donne : Auffi a-t'il trouué la veritable maniere de les faire paroiftre chez-luy dans leur beauté naturelle, en les employant aux chofes les plus honneftes de la vie. Car c'eft par ce moyen, & par l'eftime qu'il fait de toutes les Perfonnes vertueufes, qu'il s'eft acquis la plufpart des excellens hommes de toutes fortes de profeffions, pour executer fes plus nobles deffeins. Et comme vous auez vne connoiffance particuliere de la Peinture, voyez, je vous prie, quel Peintre il a choifi pour embellir les dedans de fon Palais.

Les ouurages de ce Peintre, repartis-je, parlent affez, & fa reputation fi bien eftablie peut faire connoiftre, non feulement l'eftime qu'on en doit auoir, mais encore quel auantage c'eft pour l'accompliffement de cette Maifon, d'auoir pû rencontrer vn homme fi excellent pour en auoir la conduite. Car comme il arriue rarement, que les plus fçauans hommes trouuent

des

des emplois où ils puiſſent faire paroiſtre l'excellence de leur genie; auſſi ceux qui font trauailler ne trouuent pas touſiours des perſonnes capables de faire ce qu'on leur propoſe, & de l'executer auſſi noblement qu'on le deſire. Cependant nous voyons icy que par vn heureux concours tout contribuë à faire l'vne des plus belles Maiſons du monde.

Ie ſçay bien, dit alors Pymandre en riant, que vous n'eſtes pas l'vn de ceux qui trouueroient à redire aux Ouurages de cét excellent Peintre.

I'auoüe, luy répondis-je, que je les regarde auec grand plaiſir, mais c'eſt parce qu'ils meritent d'eſtre eſtimez, & non pas par vne aueugle préoccupation d'eſprit. Car quelque inclination que j'aye pour ceux de ce ſçauant homme, cela n'empeſche pas qu'en voyant ceux des autres Peintres, je n'en juge auſſi ſelon les beautez ou les défauts que j'y remarque; mais ſouuent je les regarde ſans en dire mon ſentiment, parce que je ne prends pas plaiſir à parler deuant tout le monde, des Tableaux de ceux qui ſont encore viuants.

Il eſt vray, repartit Pymandre, que je vous entens pluſtoſt parler de ces anciens Peintres que nous ne connoiſſons pas, que des Peintres qui trauaillent encore tous les jours ; Et il n'y a pas long-temps que vous m'auiez promis de me faire l'Hiſtoire de tous ces ſçauans Hommes de l'antiquité dont nous nous entretenions ces jours paſſez. Il me ſouuient bien, luy répondis-je, de vous en auoir deſ-ja dit quelque choſe, & meſme que vous m'auiez engagé à vous parler de l'origine de la Peinture, & à vous r'apporter, ſelon l'ordre des temps, tous ceux qui auoient excellé en cét Art. Mais comme nous fuſmes alors interrompus, il me ſera fort aiſé de pourſuiure ce que j'auois commencé toutes les fois que vous ſerez en humeur de m'entendre. Ie ſeray bien aiſe, repliqua Pymandre, de vous oüyr ſur ce Sujet : Et ſi cela ne vous incommode point, nous pourrons dés à preſent employer à cét agreable entretien, vne partie du chemin qui nous reſte à faire.

Il ne tiendra pas à moy, luy répondis-je, que vous ne ſoyez ſatisfait, & je reprendray donc ainſi mon diſcours.

Comme tous les Arts ont eſté fort groſſiers & fort rudes dans leurs commencemens, & ne ſe ſont perfectionnez que peu à peu, & par vne grande application ; il ne faut pas douter que celuy de la Peinture auſſi bien que tous les autres n'ait eu vn commencement tres-foible, & ne se soit augmenté que dans la suite des temps. Mais comme la Peinture est asseurément fort ancienne, il est difficile de bien connoistre son origine. Pour moy je ne doute pas qu'elle ne soit née auec la Sculpture, & que le mesme esprit qui enseigna aux hommes à former des Images de terre ou de bois, ne leur apprist aussi en mesme temps à tracer des Figures sur la terre ou contre les murailles.

Si on vouloit adjouster foy à quelques escriuains, on pouroit croire qu'Enos fils de Seth, fut le premier qui forma des Images pour porter les Peuples à adorer vne Diuinité ; Mais parce qu'il n'y a guere d'apparence de s'arrester à cette opinion, je vous diray seulement, qu'aprés le Deluge Promethée fils de Iaphet, fut le premier qui inuenta la maniere de faire des Images de terre cuite : Et comme il estoit homme de grand esprit, il fut en vne merueilleuse estime parmy les Peuples d'Arcadie, où par sa conduite il apprist à ces Barbares à viure ciuilement ; & par l'excellence de son esprit fist valoir son Art, qui commença peu à peu à se répandre dans le monde, ce qui a donné lieu aux Fables des Poëtes.

S. Aug. liu. 18. de Ciuit. c. 2.

Cependant, interrompit Pymandre, l'on

a obserué que Nynus a esté le premier qui a mis les Statuës en vogue. Car apres auoir celebré les funerailles de Belus son pere, que les Assyriens nommerent Saturne, & qui fut le premier Roy de Babylone, il en fit tailler vne Image afin d'adoucir par cette representation, la douleur qu'il ressentoit de sa mort.

Alors me souuenant de ce que j'ay leu autrefois de la magnificence de Babylone; Ce ne fut pas seulement en Sculture, luy dis-je, que les Babyloniens furent les premiers à faire de grands Ouurages, puisque Semiramis ayant fait rebastir leur ville, il y auoit vne muraille de deux lieuës & demie de tour, dont les briques auoient esté peintes auant que d'estre cuites, & representoient diuerses sortes d'animaux. Mais cette sorte de peinture, me dist alors Pymandre, n'estoit-elle point semblable à ce qu'on appelle Email, & de mesme que celuy dont l'on fait encore à present plusieurs Ouurages? Quand cela seroit, repliquay-je, s'ils auoient ce secret là, il ne faut pas douter qu'ils n'eussent aussi celuy de peindre toute autre chose: Et ce que l'Autheur de cette Histoire rapporte dans la suite de son discours nous le peut faire connoistre. Car il dit qu'il y auoit vne autre muraille où l'on voyoit

Diod. Sic. li. 2. c. 7.

voyoit pluſieurs Figures de toutes ſortes d'animaux peints & colorez ſelon le naturel, & qu'il y auoit meſme des Tableaux qui repreſentoient des chaſſes & des combats. Cependant il ne dit point que ces diuers Tableaux fuſſent ni faits de brique ni émaillez. De ſorte qu'ils pouuoient bien auſſi eſtre peints à fraiſque ; Et c'eſt par là, ce me ſemble, qu'on peut juger que l'inuention de la Peinture eſt tres-ancienne ; mais je ne vous puis pas dire qui en a eſté l'Autheur : Et je croy meſme qu'il ſeroit aſſez inutile d'en vouloir faire la recherche, puiſque nous voyons que tous les Anciens qui en ont eſcrit ſont de differente opinion. Neantmoins, repartit Pymandre, les Egyptiens qui ont des premiers poſſedé les Arts & les Sciences, diſent que la Peinture eſtoit chez-eux pluſieurs ſiecles auparauant qu'elle fuſt connuë des Grecs. Oüy, luy repliquay-je, mais les Grecs qui n'ont jamais manqué de s'attribuer autant qu'ils ont pû la gloire des Sciences & des Arts, eſcriuent auſſi que ce fut à Sicyone ou à Corinthe, que la Peinture commença de paroiſtre. Mais pour vous dire vray les vns & les autres s'accordent ſi peu touchant celuy qui en fut l'Inuenteur, que l'on ne ſçauroit qu'en croire : Seulement ils conuiennent tous que le premier qui s'auiſa de déſigner, fiſt ſon

F

coup d'eſſay contre vne muraille en traçant l'ombre d'vn homme que la lumiere faiſoit paroiſtre. Mais nous ignorons le nom de celuy qui reduiſit cette Inuention en Pratique, & en fiſt vn Art qui eſt depuis deuenu ſi noble & ſi excellent. Les vns veulent que ç'ait eſté vn Philocles d'Egypte; les autres vn certain Cleante de Corinthe, & d'autres qu'Ardice Corinthien & Thelephanes de Chiarenia au Peloponeſe, ayent commencé à déſigner ſans couleurs & auec du charbon ſeulement; & que le premier qui ſe ſeruit d'vne couleur pour peindre ait eſté vn Cleophante Corinthe, qui pour cela fut ſurnommé Monocromatos. Ce fut donc ce Cleophante, interrompit Pymandre, qui apporta auſſi la Peinture en Italie, lors qu'il y vint auec le pere du premier Tarquin, pour éuiter la perſecution de Cipſelle Roy de Corinthe. La Peinture, luy repliquay-je, eſt encore plus ancienne que cela en Italie, & ce ne peut eſtre ce Cleophante dont vous parlez qui l'y ait apportée, quoy qu'à la verité, il ſe trouue quelques Hiſtoriens qui ont eu la meſme penſée; mais ils auoüent, neantmoins, que dés ce temps-là il y auoit dans la ville d'Ardée prés de Rome des Tableaux peints contre les murailles d'vn Temple qui eſtoient faits long-temps deuant que Rome fuſt baſtie, & dont les couleurs s'eſtoient pourtant ſi bien maintenuës qu'ils ſembloient fraiſchement acheuez, & que dans Lauinie, auant la fondation de Rome, il y auoit auſſi deux Tableaux, qui repreſentoient l'vn Athalante, & l'autre Helene; Et ainſi vous pouuez juger que ce Cleophante qui fut auec Demeratus, n'eſtoit point celuy qui trouua l'inuention des Couleurs, & qu'il faudroit meſme, ſelon cela, que les Latins euſſent eu la Peinture chez-eux long-temps deuant que les Grecs en euſſent eu connoiſſance. Mais parce que dans la recherche d'vne choſe dont la memoire a eſté obſcurcie par tant d'années, & dont les Eſcriuains ſont ſi differens dans leurs opinions: Il eſt bien difficile d'en découurir la verité il faut ſe contenter de ſçauoir ſeulement les choſes qui ſont les plus connuës & qui paſſent pour veritables.

Ie ne vous parleray donc point de HYGIENONTES, de DINIAS, ni de CHARMAS, qu'on dit encore auoir eſté des premiers à portraire d'vne ſeule couleur. Ie ne vous diray rien nó plus de cét EVMARVS d'Athenes, qui peignit les hommes & les femmes d'vne differente maniere, ni de ſon Diſciple Cimon Cleonien, qui trouua les r'accourciſſemens dans les corps, & qui commença à les poſer en diuerſes attitudes & poſtures; Car auparauant luy les Figures n'auoient nulle action, & il fut le premier qui repreſenta les jointures des membres, les veines du corps, & qui contrefit les differens plis des Draperies

<small>Romul. mourut en la 2. an. de la 16. Oly. l'an du monde 3269. & deuant la naiſſ. de I.C. 715.</small>
Mais je vous diray qu'on tient pour certain que dés le temps de Romulus, Candaule ſurnommé Myrſilus Roy de Lydie, & le dernier de la race des Heraclides, achepta au poids de l'or vn Tableau de la façon du Peintre Bularchus; où eſtoit repreſenté la Bataille des Magneſiens: Cependant par le prix de ce Tableau, & par l'eſtime qu'il a euë, il y a bien apparence que cét Art eſtoit deſ-ja en perfection.

<small>L'an du monde 3535. & deuant I.C. 449.</small>
En la 83. Olympiade PANOEVS frere de Phidias, parut auec eſtime. Il peignit cette fameuſe journée de Marathon, où les Atheniens défirent en bataille rangée toute l'armée des Perſes; & quoy que tous les Chefs de part & d'autre y fuſſent fort bien repreſentez, ce fut, neantmoins, POLYGNOTVS Thaſien, qui venant en ſuitte fut le premier qui mit l'expreſſion dans les viſages, & qui donnant je ne ſçay quoy de plus libre & de plus guay à ſes Figures, quitta tout à fait l'ancienne façon de peindre, dont la maniere eſtoit barbare & peſante. Il prit plaiſir principalement
à repre-

à représenter les femmes, & ayant trouué le secret des Couleurs viues, ils les vestit d'habits éclatans & agreables ; representa leurs coiffures differentes & les enrichit de nouuelles parures.

Cette belle maniere éleua beaucoup l'Art de la Peinture, & donna vne grande reputation à Polygnotus, qui apres auoir fait plusierus Ouurages à Delphes, & sous vn Portique d'Athenes, dont il ne voulut receuoir aucun payement, fut honoré par le Conseil des Amphictions du remerciement solennel de toute la Grece, qui pour témoignage de sa reconnoissance luy ordonna aux dépens du public des logemens dans toutes ses villes.

Au mesme temps que Polygnotus trauailloit à ce Portique, il y auoit vn certain Mycon qui peignoit aussi dans ce mesme lieu, & qui moins genereux que luy prist de l'argent de ses Ouurages dont il ne receut pas aussi tant d'honneur.

Enuiron la 90. Olympiade parurent AGLAO- PHON, CEPHISSODORVS, PHRILVS., & EVENOR Pere & Maistre de Parrhasius dont nous dirons quelque chose en suite : Tous ces Peintres furent veritablement excellens en leur Art, mais je ne m'y arresteray pas pour par-

L'an du m.3563. deu.l.C. 424

G

ler D'APPOLLODORE Athenien, qui parut auec grande eſtime dans la 93. Olympiade.

L'an du m.3576. deu.I.C. 409.

Ce fut cét Apollodore qui commença d'obſeruer la beauté de tous les corps pour la repreſenter dans ſes Tableaux, parce qu'auparauant luy les autres Peintres ſe contentoient de bien reüſſir dans la reſſemblance, ſans faire choix des belles parties.

Il fiſt auſſi paroiſtre dans ſon trauail vne maniere, qui pour eſtre nouuelle n'en fut pas moins agreable: Car il donna tant de beauté & tant de grace à ſon coloris, qu'il ſurpaſſa tous ceux qui l'auoient precedé.

En la 95. Olym. l'an du m.3583. deu.I.C. 402.

ZEVXIS qui parut en ſuite tira vn grand ſecours des Ouurages d'Apollodore, & voyant comme ſa belle maniere de peindre eſtoit bien receüe de tout le monde, pouſſé d'vne genereuſe émulation, il ſe reſolut de ne laiſſer pas la Peinture au poinct où il la trouuoit, mais d'y adjouſter encore de nouueaux charmes: En effet il ſe perfectionna de telle ſorte dans cét Art, & deuint ſi excellent Coloriſte, qu'Apollodore admirant ſes Ouurages, confeſſa qu'il ne ſe pouuoit rien faire de mieux.

Cét Apollodore, interrompit Pymandre, n'eſtoit-il point celuy qui pour marque de l'eſtime qu'il faiſoit de Zeuxis par-deſſus les autres Peintres, compoſa des Vers, où il ſe pleignoit que l'Art de la Peinture leur auoit eſté dérobé, & que Zeuxis en eſtoit le rauiſſeur.

C'eſt le meſme, pourſuiuis-je, & pour vous dire quelque choſe des plus beaux Ouurages de Zeuxis, on eſtime particulierement vne Atalante, dont il fiſt preſent aux Agrigentins en Sicile; Vn Dieu Pan qu'il donna au Roy Archelaüs; & cette admirable Figure qu'il peignit pour ceux de Crotone, en laquelle il fit paroître ce qu'il y auoit de plus beau dans les plus belles Filles de toute la Grece. Neantmoins le Tableau où il repreſenta vn Athlete, fut celuy de tous qu'il eſtima dauantage, & qui paſſa dans ſon eſprit pour ſon Chef-d'œuure. Car croyant ne pouuoir rien faire de mieux, il oſa bien le propoſer comme vn défy aux plus excellens Peintres de ſon temps en eſcriuant au bas, Qu'il s'en trouueroit ſans doute pluſieurs qui y porteroient enuie, mais qu'il ne s'en trouueroit point qui puſt l'égaller.

Lors qu'il fut deuenu fort riche, il ne trauailla plus que pour la gloire; & eſtimant ſes Tableaux ſans prix, il les donnoit liberallement aux Princes, & aux villes qui auoient plus d'admiration pour ſes Ouurages.

Il eut neantmoins pour concurrent Parrha-

G ij

sius qui le vainquit dans vne gageure qu'ils auoient faite à qui representeroit le mieux la verité de quelque chose ; Et cette Histoire est si celebre que chacun sçait que Zeuxis ayant exposé en public vn Tableau, où il auoit si bien peint des raisins que les Oyseaux venoient pour les bequeter, Parrhasius en fit apporter vn autre où estoit vn rideau si bien fait, que Zeuxis y fut trompé le premier : Car le voulant tirer pour voir l'Ouurage qu'il croyoit estre caché au dessous, il receut la honte de s'estre mépris, & auoüa que Parrhasius l'auoit vaincu.

Ie pense, dit alors Pymandre, que ces Messieurs les Historiens nous en font accroire ; Car ou les Oyseaux de ce temps-là auoient les sens beaucoup moins subtils que ceux d'apresent, ou bien ceux d'aujourd'huy ont bien plus de jugement pour ne se méprendre pas, puisque nous ne voyons point qu'il y en ait qui s'arrétent non seulement à des fruits peints sur vne toille, mais mesme à ceux qui sont de relief, & qui ont la forme & la couleur des fruits naturels.

Si vous croyez, repartis-je en riant, que les Oyseaux d'à cette heure ayent plus de discernement que ceux du temps dont je parle ; il faut donc croire aussi que les hommes d'alors auoient la veuë moins délicate que ceux d'aprefent, puis que Zeuxis luy-mefme tout habille qu'il eftoit fe trompa au Tableau de Parrhafius; mais eftant difficille de donner fon jugement fur les Ouurages de ces Anciens Peintres, puis qu'il ne nous en refte rien que nous puiffions confronter auec les Modernes, je penfe qu'il nous eft libre d'en auoir telle opinion que bon nous femble. Neanmoins comme l'on voit encore aujourd'huy certaines Peintures qui trompent les yeux des hommes & le fentiment des bêtes, je ne croy pas que l'on doiue douter que celles de ces Anciens ne fiffent vn femblable effet, puifque mefme il y a des Tableaux fort mediocres en bonté, dont le fujet fe trouue propre à tromper la veuë de ceux qui les voyent, pluftoft que ne feroient d'autres Ouurages plus excellens.

Or pour continuer mon difcours je vous diray que comme l'on a trouué auec le temps beaucoup de chofes qui manquoient aux Arts, l'on y a auffi corrigé plufieurs défauts. Car fi l'on demeuroit dans la feule imitation, dit Quintilien, & qu'il ne fut pas permis d'adjoûter aux chofes def-ja commencées, la Peinture feroit encore dans ce premier eftat, où elle n'auoit fimplement que le deffein & les contours.

H

Ce PARRHASIVS dont je viens de parler augmenta beaucoup cét Art. Il fut le premier qui obserua la Symetrie, & qui fit paroiftre de la vie, du mouuement, & de l'action dans fes Figures; Il trouua le moyen de bien reprefenter les cheueux, & Pline remarque qu'il eftoit celuy de tous les Peintres de fon temps qui auoit le mieux fçeu arrondir les corps, & fait fuïr les extrémitez pour faire paroiftre le relief.

DEMON Athenien fut encore fçauant en cét Art & s'eftudia à donner de l'expreffion aux vifages. Il fit plufieurs Tableaux, & entr'autres il y en auoit vn à Rome qui reprefentoit le grand Preftre de Cybelle, dont l'Empereur Thibere faifoit grand cas, & qu'il auoit achepté foixante Sefterces; Mais la vanité infuportable de ce Peintre diminuoit beaucoup de l'eftime qu'on auoit de luy; car femblable à plufieurs de ces Ouuriers d'aujourd'huy il fe loüoit fans ceffe luy-mefme, & ne pouuoit fouffrir qu'on ne le preferaft pas à tous les autres. Il eftoit toufiours veftu d'vne maniere particuliere, & pour eftre encore plus refpecté il fe difoit eftre de la race d'Apollon, faifant croire qu'il auoit fouuent communication auec Hercule qui luy aparoiffoit en dormant, & que le Tableau qu'il en auoit fait eftoit tout fembla-

Enuiron 1000. efcus de noftre monnoye.

Ce Tableau eftoit à

ble au naturel. Cependant il fut vaincu par Thimante dans vn Tableau d'Ajax, où Thimante fit mieux que luy ; & dans la colere qu'il en eut, il dift auec fa vanité ordinaire que fon plus grand déplaifir eftoit de voir que ce Prince fuft furmonté pour la feconde fois par vn homme indigne de remporter cette gloire. *Lyndos ville fituée dans l'Ifle de Rhodes.*

Mais ce n'eftoit pas le fentiment de tous ceux de ce temps-là ; Ils eurent beaucoup moins d'eftime pour luy que pour THIMANTE: Car ce dernier eftoit vn homme d'efprit & de jugement, qui faifoit tous fes Ouurages auec Art & auec Science.

La Figure d'vn Cyclope & le facrifice d'Iphigenie qu'il reprefenta, ont efté fi celebres & fi loüez par les meilleures plumes de l'Antiquité, qu'il n'y a perfonne qui fur le rapport des Hiftoriens n'en conçoiue vne eftime tres-particuliere.

En ce mefme temps viuoit EVXENIDAS qui fut Maiftre d'Ariftide, & EVPOMPE de qui Pamphile fut Difciple.

Ce PAMPHILE eftoit natif de Macedoine, & fut celuy qui joignit à l'art de la Peinture l'eftude des belles Lettres. Il en tira vn fi grand fecours qu'il acquît vne reputation extraordinaire.

H. ij

Entre tant de belles Sciences qu'il poſſedoit, il ſçauoit parfaitement les Mathematiques ; & les croyoit ſi neceſſaires pour la Peinture qu'il diſoit ſouuent qu'vn Peintre ne peut eſtre parfaitement ſçauant dans ſa profeſſion & les ignorer.

Mais remarquez, s'il vous plaiſt, que le merite des perſonnes honnore les Arts & Sciences, de meſme que les Sciences & les Arts rendent les perſonnes recommandables. Car lors qu'vn homme n'excelle pas ſeulement en ſon Art, mais poſſede encore d'autres belles qualitez, il ſe fait vn certain rejaliſſement du merite des perſonnes ſur l'Art dont elles font profeſſion qui donne de la nobleſſe a leurs Ouurages. C'eſt pourquoy comme Pamphile n'eſtoit pas vn homme du commun ; qu'il auoit l'eſprit eſclairé depluſieurs Sciences & de belles Notions qui le faiſoient rechercher de tout le monde, il donna vn ſi haut eſclat à l'Art de la Peinture & la fit paroiſtre ſi illuſtre, que meſme les perſonnes de condition deſirerent de s'inſtruire dans vne Science où ils trouuoient tant de beautez & de charmes.

Il ne refuſa pas ſon aſſiſtance à ceux qui voulurent apprendre de luy ; Mais afin que cét Art ne tombaſt pas dans le mépris qu'on fait d'ordinaire d'ordinaire des choses qui sont fort communes, il eut assez de credit pour obtenir qu'il n'y auroit que les enfans des Nobles qui s'exerceroient à la Peinture, & de faire deffendre aux Esclaues de s'en mesler; ce qui fut fait par vn Edit public, premierement à Sicyone, & en suite par toute la Grece.

Il eut pour Disciples MELANTHIVS & APPELLE, qui mit la Peinture à vn si haut poinct que depuis luy il ne s'est trouué personne qui ait pû atteindre à la perfection où il arriua. Ie ne m'arresteray point à vous parler du premier, ni de * deux autres qui estoient assez en vogue en la 107. Olympiade, je vous diray seulement que le fameux * Appelle vint depuis, & qu'il a excellé de telle sorte dans la Peinture que sa reputation sera immortelle.

*Echion & Therimachus.
*Il commença de paroistre en la 112. Olymp. l'an du monde 3652. deuant I. C. 352.

Le lieu de sa naissance fut dans l'Isle de Coos, & je ne doute pas qu'il ne tirast son origine d'vne maison noble, puis qu'il auoit esté instruit par Pamphile qui ne receuoit pour disciples que des personnes ~~pleines~~ de condition, & prenoit pour les instruire des sommes presque incroyables. Veritablement Appelle n'eut pas sujet de plaindre ni son argent ni son temps; Son naturel estoit si beau, que ne se contentant pas de pratiquer les Instructions

I

d'vn si sçauant Maistre, son ambition le porta jusqu'à surmonter tous ceux de son temps, & il y trauailla de telle sorte qu'il parut entr'eux comme vn miracle.

Ie ne sçay si je vous dois parler dauantage de cét homme merueilleux, puisque sa reputation est si grande qu'il seroit inutile de vous en entrenir.

Tout ce que vous rapporterez, dit Pymandre, me sera tousiours non seulement tres-vtile, mais encore fort agreable, quand mesme j'en aurois desja connoissance; C'est pourquoy ne me cachez rien je vous prie de ce que vous sçauez de ces grands hommes, si vous ne voulez diminuer le plaisir que je reçois en vous entendant discourir.

Ie vous diray donc puisque vous le voulez, continuay-je, que les Ouurages d'Apelle n'estoient pas simplement accomplis dans ces belles parties de l'Ordre, du Dessein & du Coloris. Car outre qu'il estoit abondant en Inuentions, sçauant dans la Proportion & dans les Contours, charmant & precieux dans le Coloris, il auoit encore cela par-dessus les autres Peintres, qu'il donnoit vne beauté surnaturelle à ses Figures, & par vn bon-heur tout particulier, il fut le premier, &

quasi le seul qui receut du Ciel cette Science toute diuine, qui sçait inspirer la grace & donner ce je ne sçay quoy de libre, de vif, de rare, ou pour mieux dire, de celeste, qui ne se peut enseigner, & que les paroles mesme ne sont pas capables de bien exprimer.

Il me souuient, interrompit Pymandre, que ce Peintre est vn de ceux qui a laissé le plus d'Ouurages apres sa mort ; Car du temps de Pline il y auoit encore à Rome plusieurs Tableaux de sa main que l'on auoit en grande estime ; & j'ay remarqué que l'on faisoit particulierement estat d'vne Venus sortant de la mer nommée à cause de cela ANADYOMENE', que l'Empereur Auguste dédia dans le Temple de son pere ; & je pense aussi que ce fut à la gloire de ce Tableau qu'Ouide fist ces deux Vers.

Si Venerem Coïs numquam pinxisset Appelles,
Mersa sub æquoreis illa lateret aquis.

Ce n'est pas de ce Tableau là, repliquay-je, dont Ouide entend parler, mais c'est d'vne autre Venus qu'Appelle auoit commencée pour les Habitans de Coos, qui, à ce qu'on dit, surpassoit de beaucoup la premiere, tant dans la force du dessein, que dans la beauté du Coloris ; Mais la mort de cét homme incomparable rendit cét Ouurage imparfait, qui eſtoit ſi excellent que nul ne fut jamais aſſez hardy pour entreprendre d'acheuer ce qui en reſtoit à faire.

Entre les Tableaux dont Rome faiſoit le plus de monſtre dans ſes lieux publics & dans ſes Temples, apres s'eſtre enrichie des dépoüilles des autres Nations, ceux d'Apelle tenoient touſiours le premier rang : Et vous aurez peut-eſtre remarqué comme l'Empereur Auguſte auoit vne eſtime toute particuliere pour deux Tableaux que ce Peintre auoit faits. Dans l'vn il auoit repreſenté Caſtor & Pollux, l'Image d'vne Victoire & le portrait d'Alexandre ; Et dans l'autre il auoit peint ce grand Monarque comme triomphant du Dieu de la Guerre, qui ayant les mains liées derriere le dos ſuiuoit le char de ſon Triomphe. Il me ſouuient d'auoir leu en quelque endroit que l'Empereur Claude fit effacer de ce Tableau le viſage d'Allexandre pour y mettre celuy d'Auguſte. Il y auoit encore dans le Temple d'Antoine vne Image d'Hercule de la main de ce grand Homme, mais le portrait qu'il fit d'Alexandre tenant vn foudre à la main, & qui fut mis dans le Temple de Diane à Epheze, paſſoit pour vne merueille de l'Art. Ce ne fut pas le ſeul qu'il fit de ce Conquerant, qui prenoit ſouuent plaiſir à ſe à se faire peindre par luy, sans permettre à nul autre de l'entreprendre, & se diuertissoit mesme quelquefois à le regarder trauailler, & à auoir sa conuersation qui n'auoit pas moins de charmes que ses Ouurages.

Ie serois trop long si je voulois vous rapporter tout ce qu'on a écrit d'Appelle; Ie vous diray seulement qu'encore que cét excellent homme tint le premier rang entre tous ceux de sa profession, il ne laissoit pas d'auoüer sincerement qu'Amphion le surpassoit dans l'Ordonnance, & Asclepiodore dans les Proportions : Il recherca mesme la connoissance de Protogene, dont il estima tant les Ouurages, qu'il les rendit recommandables aux Rhodiens, qui auparauant cela ne les consideroient pas.

Ce PROTOGENE estoit natif d'vne ville de la Cilicie nommée Caunus, & sujette aux Rhodiens : Il vescut au commencement fort pauurement, parce que son desir d'apprendre luy faisoit employer tout son temps à estudier, ne trauaillant pas comme plusieurs autres à faire promptement des Tableaux pour en tirer de l'argent. On ne sçait qui fut son Maistre, mais il auoit plus de cinquante-cinq ans quand il commença d'estre en reputation, & ne peignoit encore alors que des nauires. Le plus estimé de tous fes Ouurages fut vn Ialyfus, lequel a efté long-temps conferué à Rome dans le Temple de la Paix. On écrit que pendant qu'il trauailloit à ce Tableau il ne viuoit que de lupins trempez, de crainte que les vapeurs que les autres viandes enuoyent d'ordinaire au cerueau, n'offufquaffent la force de fon efprit, & n'affoibliffent cette belle Imagination qui le faifoit reüffir fi heureufement. Ce fut ce Tableau qui furprit fi fort Appelle, qu'il confeffa que c'eftoit la plus belle chofe du monde ; Il dift neantmoins pour fe confoler, qu'il y manquoit encore cette Grace, que luy feul fçauoit donner fi parfaitement à fes Ouurages. Protogene pour conferuer la durée de ce Tableau le couurit de quatre couches de Couleurs, afin que le temps en effaçant vne, il s'en trouuaft vne autre qui fuft toute fraifche.

Ie penfe qu'il n'eft pas befoin que je m'arrefte à vous décrire ce Tableau : On y voyoit entr'autres chofes vn chien que l'Art & la Fortune auoient également contribué à rendre parfait. Car Protogene eftant en colere de ne pouuoir affez bien reprefenter à fon gré l'écume qui fort de la gueule des chiens lors qu'ils font fort échauffez, il jetta par dépit fon pinceau contre son Ouurage ; & vit alors qu'en vn moment le hazard auoit produit tout ce que son Art n'auoit pû faire en beaucoup de temps.

Ie croyois, interrompit Pymandre, auoir ouy dire que cét accident estoit arriué en peignant vn cheual. Il est vray aussi, répondis-je, que Protogene n'a pas esté le seul qui a receu de la Fortune vn secours si fauorable. Car la mesme chose arriua au Peintre Neacles lors qu'il vouloit, comme vous le dites, representer l'écume d'vn cheual. Mais pour acheuer ce que j'ay à vous dire de Protogene, ce Tableau de Ialysus dont j'ay parlé fut le salut de toute la ville de Rhodes lors que Demetrius l'assiegea. Car ne pouuant estre prise que du costé où estoit la maison de Protogene, ce Roy ayma mieux leuer le siege que d'y mettre le feu & perdre vn Ouurage si admirable. Et ayant sceu que mesme pendant le siege, Protogene se tenoit dans vne petite maison qu'il auoit hors de la ville, où nonobstant le bruit des armes, des tambours & des trompettes il trauailloit auec vn esprit tranquille, il le fit venir, & luy demanda s'il osoit bien demeurer ainsi à la campagne, & se croire en sureté au milieu des ennemis des Rhodiens. A quoy il luy repartit qu'il ne croyoit pas eftre en aucun peril, parce qu'il fçauoit bien qu'vn grand Prince comme luy ne faifoit la guerre qu'à ceux de Rhodes & non pas aux Arts. Ce qui plût fi fort à Demetrius qu'il n'eut pas depuis moins d'eftime pour fa perfonne que pour fes Ouurages.

Vne marque de la tranquilité toute extraordinaire de l'efprit de Protogene, eft qu'en ce temps-là, & au milieu des troubles de cette guerre, il fit ce fameux Tableau d'vn Satyre joüant d'vn Flageolet & appuyé contre vne colomne ; ce qui fut caufe qu'on le nomma ANAPAVOMENOS, & l'on dit qu'il auoit reprefenté fur la colomne vne Caille fi bien faite, que toutes les autres venoient voltiger à l'entour d'elle.

C'eft à dire, le Satyre fe repofant.

Alors regardant Pymandre qui foufrioit, je croy bien, luy dis-je, que vous n'adjoufterez pas plus de foy à cette Hiftoire qu'à celle des Ouurages de Zeuxis & de Parrhafius ; mais comme je n'ay pas entrepris de vous perfuader, il me fuffit de vous diuertir par le rapport de plufieurs chofes extraordinaires, où voftre efprit eft entierement libre de prendre tel party que bon luy femble.

Vous fçaurez donc que Protogene fift encore
plufieurs

plusieurs autres Tableaux fort estimez, & qu'-
outre la Peinture qu'il sçauoit si parfaitement,
il trauailla aussi à des Figures de Bronze.

En ce mesme temps vint ARISTIDE ; Il
estoit de Thebes, & quoy que veritablement
son Coloris ne fust pas si agreable, & qu'il tra-
uaillast d'vne maniere vn peu seiche, il auoit
neantmoins d'autres parties qui luy ont donné
rang entre les plus grands Personnages.

Pymandre m'interrompant, Il me semble que
vous oubliez, dit-il, à parler de cét Asclepiodore, dont vous m'auez dit qu'Appelle faisoit tant
de cas. C'est, repliquay-je, que je ne suis pas
encore arriué à luy. Car je tasche autant qu'il m'est
possible de garder vn ordre dans les choses que
j'ay à vous dire de ces anciens Peintres. Que
si vous jugez que les obseruations que je faits
ne soient pas tout à fait à propos, ou soient trop
longues, prenez-vous-en à vous-mesme, qui
dés le commencement m'auez engagé à remarquer le temps auquel ces grands Hommes ont
paru. En verité, répondit Pymandre, cette remarque particuliere m'est fort agreable, aussi
je ne m'en plains pas, au contraire je la trouue
tres-necessaire au dessein que j'ay d'apprendre
de vous dans la suite des années de quelle sorte
la Peinture est venuë à sa plus grande perfection;

L

Et je n'ay eu autre pensée en vous interrompant, que de vous aduertir d'vne chose que j'auois peur qui fust eschapée de vostre memoire.

Afin donc, repartis-je, de suiure l'ordre que j'ay tenu jusqu'à cette heure, vous sçaurez que cét Aristide a passé pour estre le premier qui a representé le plus parfaitement sur les visages toutes les passions de l'ame.

Entre ses Tableaux, celuy où il representa la prise par force d'vne ville, luy acquit vne gloire merueilleuse à cause des belles expressions qu'il y mit. Il peignit aussi la guerre d'Alexandre contre les Perses, & cét Ouurage estoit composé de cent Figures. L'on vit encore de luy quantité d'autres Tableaux tres-excellens, dont plusieurs ont esté long-temps dans Rome. En fin il fut si parfait dans son Art, & ses pieces mises à vn si haut prix, que le Roy Attale paya cent talents d'vn de ses Tableaux.

Quant à ASCLEPIODORE, ses Ouurages furent fort recherchez à cause de la belle proportion qu'il sçauoit parfaitement donner à ses Figures, & l'estime qu'Appelle en faisoit les rendoit encore plus considerables. Il fit douze Portraits des Dieux, dont Mnason Roy d'Elate luy donna trois cens mines d'argent pour chacun.

THEOMNESTVS qui viuoit en ce mesme temps eut vn don particulier à bien faire les Portraits ; & ce mesme Roy d'Elate qui estoit curieux de toutes sortes de Tableaux, payoit cent mines d'argent de tous ceux qu'il rencontroit de sa façon.

NICOMAQVE eut aussi la reputation d'être tres-sçauant, & fut recommandable pour la grande vitesse auec laquelle il trauailloit. Car il peignoit d'vne maniere si prompte, qu'ayant entrepris vn Tombeau qu'Aristratus Prince de Scicyone, faisoit orner de peintures pour le Poëte Thelestus, il le finit en fort peu de temps, & d'vne maniere tres-excellente. *Il estoit fils & disciple d'ARISTODEMVS.*

Il eut pour disciples son frere ARISTIDE, son fils ARISTOCLE, & PHILOXENE, qui peignit pour le Roy Cassandre la Bataille où Alexandre défit Darius ; Ce dernier imita son Maistre dans cette prompte maniere de trauailler.

L'on peut encore mettre au rang de ceux-là NICOPHANE qui ne peignit pas seulement auec grace & auec politesse, mais encore auec force. Il auoit l'esprit prompt & vif, & prenois plaisir à representer les choses antiques pour n'en pas laisser perir la memoire ; En effet soit qu'il copiast tout ce qu'il y trouuoit de beau, ou que de luy-mefme il inuentaft les chofes qu'il mettoit au jour, on luy attribuë ce que la Peinture a eu de majeftueux & de grand.

PERSEE difciple d'Apelle fut doüé d'vn naturel admirable, d'vne excellente doctrine, & d'vne finguliere induftrie ; Il écriuit vn Traité de fon Art qu'il dédia à fon Maiftre.

ARISTIDE le Thebain eut auffi pour fes difciples NICEROS & ARISTIPPE, & ce dernier fut le Maiftre d'ANTHORIDE & d'EVPHRANOR, qui ne fut pas feulement excellent Peintre, mais qui fceut auffi trauailler de Sculpture, & forma des Figures de marbre, de bronze & d'argent. Il a efté recommandable pour auoir efté l'vn des premiers qui a fceu donner aux Heros, cette majefté qui doit pareftre dans leur port, auffi bien que dans leur vifage ; & ce fut luy qui confidera la beauté des proportions, & qui en dreffa des reigles. On trouuoit pourtant à redire à fes Figures, qu'elles auoient le corps trop menu, & les jointures & les doigts vn peu trop gros.

I'oubliois à vous parler de PAVSIAS de Scicyone difciple de Pamphile ; ce fut luy qui le premier commença à peindre les Lambris & les Voutes des Palais, Ce qui jufques alors n'étoit point encore en vfage. N'eftoit-ce pas ce
Peintre

Peintre, interrompit Pymandre, qui eut tant d'amour pour la bouquetiere Glicere ? luy-mesme, répondis-je, & il representa dans sa passion cette fille composant vne guirlande de fleurs. Ce Tableau fut tellement estimé, que Lu-culle en achepta deux talens la seule copie dans Athenes.

1200. escus.

NICIAS Athenien qui vint depuis, fut encore en grande reputation ; Il peignit les femmes en perfection, & entendit fort bien l'arondissement des Figures pour faire paroistre le relief. Il fist vn Tableau tres-excellent, où il auoit representé l'Enfer de la mesme sorte qu'Homere l'a décrit. Il en refusa soixante talens, aymant mieux le donner à sa patrie que de le vendre.

Il y eut aussi ATHENION Maronite disciple de Glaucion Corinthien, lequel ne fut pas moins estimé que Pausias. Car bien que son Coloris fust plus sec & moins agreable, il auoit toutefois beaucoup de science, & ne manquoit pas d'approbateurs. On croit que s'il eust vescu plus long-temps il auroit tenu rang entre les plus excellens Peintres, parce qu'il trauailloit auec grand soin, & ne laissoit rien eschaper de toutes les belles connoissances qu'il pouuoit

M

acquerir, ayant vne industrie particuliere à s'en seruir auec grace.

Quoy que je tasche d'abreger le discours de ces grands Peintres de crainte de vous estre enfin trop ennuyeux, neantmoins je ne sçaurois finir sans vous parler d'vn certain CLESIDES, qui semble s'estre rendu immortel, autant par sa haute temerité & par les marques d'vn ressentiment trop hardy, que par la perfection de ses Ouurages. Car n'ayant pas esté receu de la Reyne Stratonice femme d'Anthiocus, auec tous les témoignages d'estime qu'il croyoit de meriter, il fit vn Tableau où il representa cette Princesse d'vne maniere fort offensante pour elle. Et l'ayant exposé publiquement sur le port, il se sauua dans vn Vaisseau prest à faire voile, assez content d'auoir par ce moyen satisfait à sa vengeance.

Il est donc, interrompit Pymandre, aussi dangereux d'estre mal auec les Peintres qu'auec les Poëtes; Car Platon assure que Minos Roy de Candie estoit vn tres-bon Prince, qui n'a esté mal-traité par les Poëtes, que parce qu'il auoit méprisé leur amitié.

Il ne faut pas que vous en doutiez, repartis-je, puisque vous sçauez bien de quelle sorte Michel-Ange representa dans son jugement vn Prelat Maistre des ceremonies du Pape, duquel il auoit esté offencé.

Mais pour reuenir à Clesides, la Reyne ne se mist pas fort en peine du mauuais traitement qu'elle en auoit receu : Car quoy que son Tableau fust injurieux à sa reputation, elle s'y trouua si belle & si bien peinte, & l'Ouurage luy parut si accomply, qu'elle ayma mieux qu'il demeurast exposé aux yeux de tous, & laisser ainsi subsister les marques de l'affront qui luy estoit fait, que de brusler vne Peinture si parfaite.

C'est, dit Pymandre en sousriant, que la pluspart des femmes ayment si fort à paroistre belles qu'elles pardonnent volontiers toutes les autres injures pourueu qu'on les flatte en cela; Et je m'asseure que de l'humeur qu'estoit cette Reyne, le Peintre l'auroit dauantage offensée en la peignant laide qu'en la peignant de la maniere qu'il fit.

Du temps de Iules Cesar, poursuiuis-je, il y eut à Rome vn THIMOMACHVS de Bizance qui fit plusieurs Tableaux pour cét Empereur, & entr'autres vn Ajax & vne Medée, dont il luy fit payer quatre-vingt talens.

Vn autre Peintre nommé LVDIVS fut en

M ij.

grand credit fous Auguste ; Il excelloit principalement en grandes imaginations, & ce fut luy qui le premier commença de peindre dans les ruës de Rome contre les murailles pour y feindre de l'Architecture & toutes sortes de paysages.

Ie ne m'arreste pas à vous déduire par le menu vne infinité d'autres Peintres qui ont esté en estime, & qui ont eu assez de reputation pour laisser leur nom à la posterité. Entre ceux-là plusieurs ont fait de grands Ouurages ; & plusieurs aussi se sont arrestez à trauailler en petit. PIRRICHVS est l'vn de ceux qui a esté le plus fameux, quoy qu'il ne s'arrestast qu'à faire de petites choses & à traiter des sujets fort mediocres; comme à representer des herbages, des animaux, des boutiques d'artisans, & autres sortes de sujets qui n'ont aucune noblesse ; aussi à cause de cela il fut surnommé RHYPAROGRAPHOS.

C'est à dire Peintre de choses basses & communes.

C'est assez, ce me semble, d'auoir remarqué les principaux & les plus excellens Maistres de l'Antiquité, pour connoistre le commencement & le progrez qu'a eu la Peinture.

Cependant il est certain que quand les Arts ont cessé parmy les Grecs, ils ont commencé à déchoir en Italie ; Et depuis ce Ludius qui parut

rut fous Augufte, & quelques-vns qui ont peint du temps de Neron, nous ne fçauons plus qui furent ceux qui peignoient dans Rome ; & je croy que les memoires en ont efté perdus auffi bien que les Tableaux de ce temps-là, puis qu'il ne refte plus rien de toute l'Antiquité, fi ce n'eft des morceaux à fraifque qu'on a tirez de la ville Adriane, le peu qui fe voit à S. Gregoire, ce qui eft encore dans les ruïnes des termes de Tite, & cette frife qui reprefente vn mariage qui eft dans la Vigne Aldofbrandine.

Neantmoins par ce peu-là qui eft demeuré dans Rome jufques à cette heure, on peu juger de l'excellence de la Peinture ancienne : Car l'on reconnoift principalement dans ce morceau qui eft dans la Vigne Aldofbrandine, vne mefme Idée de beauté que celle qui fe voit dans les Statuës antiques. Mais comme les guerres & les defaftres qui font arriuez dans l'Italie par l'inuafion des Barbares, ont caufé la perte d'vne infinité de grandes chofes, il femble auffi que les Arts ont efté comme accablez fous les ruïnes de la Monarchie jufques enuiron l'an 1240. que CIMABVE' vint au monde, lequel fut le premier qui commença de r'établir la Peinture qui s'eft perfectionnée enfuite au poinct où nous la voyons, par le foin & le trauail de tant d'excellens hommes qui font venus aprés luy, & defquels nous pourrons dire vn jour quelque chofe.

Voila, Monfieur, l'entretien que nous eufmes ce jour-là Pymandre & moy. Il eft vray qu'il ne me laiſſa pas long-temps ſans me faire parler ſur les Peintres Modernes ; Mais je remets à vne autre fois à vous en efcrire fi vous auez la curiofité de fçauoir ce que nous auons dit.

FIN.

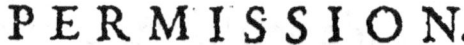

PERMISSION.

IL eſt permis à PIERRE LE PETIT, Imprimeur & Libraire ordinaire du Roy, d'imprimer vn Liure intitulé, l'Origine de la Peinture, & des plus excellens Peintres de l'Antiquité. *Fait ce 10. Ianuier 1660.*

Signé, DAVBRAY.

www.ingramcontent.com/pod-product-compliance
Lightning Source LLC
Chambersburg PA
CBHW030054230526
45471CB00003B/1093